今日も拒まれてます 心の異変編
～セックスレス・ハラスメント嫁日記～

KYOU MO KOBAMARETE MASU

Presented by Poreporemi

ポレポレ美

ぶんか社

CONTENTS

あらすじ

編集者の山木と同棲９年ののち勢いで結婚したポレ美は、ずっとセックスレスに悩んでいた。マカ入り味噌汁を飲ませたり、セクシーな下着で誘惑したりするも失敗の連続。多忙を言い訳にする山木に対し浮気も疑っていたが、取材先で子供と触れ合ったことで母性に気づいたポレ美は妊活を提案し、彼も受け入れた。それでもうまくかみ合わない日が続いていたが、ある日珍しく仕事を早く終え帰宅した山木がついにポレ美をベッドに誘う。裸になり、いざ本番、となるものの、急に立たなくなり……ポレ美は優しく元気づけながらも、途方に暮れていた—。

Chapter1
久しぶりの実家で

そうだなぁ…
確かにいい気分転換にはなるかも…
じゃぁお言葉に甘えて…
ウン
プオーン
ガタンゴトン…
久々だな
一人でゆっくり帰る地元も…
ありがとうございましたー
MAP
あれ？ポレ美《み》？

もしかして
モンちゃん？
やっぱり
ポレ美や！
格好も顔も
全然変わっとらんし
すぐ分かったわ
うわー
何年ぶりけ？
久しぶりやね
到着して早々に友人に
遭遇するとは さすが地元…
ハハハ…
ポレ美は帰省中？
最近結婚したがやろ？
ダンナさんは芸能記者
ながやってね～
おめでと～
どこからそんな
情報を…？
さすが地元…
モンちゃんはすっかり
ママになっちゃって…
ん？
ポレ美は子供は？
ます
お土産
まだやちゃ
じゃ家は？
買えるわけ
ないねか…
ムリ
ムリー

結婚しとるんに…
東京《むこう》じゃ
なかなかさ…
せめて子供は作らんと…
うん…
ほらー
覚えとる？
岡ちゃんなんてさ
3人のママらしいぜー
へぇ…
ただいまー
東京バナナ買ってきたよーん
おかえり〜
お！出戻り娘！
長旅ご苦労さん
今ちょうど夕飯の準備しとったとこ
わーい♡
やったー
ごちそうだー
ポレ美の好きな母《かあ》ちゃんのコロッケだぞ

まぁまぁ
とりあえず先に一杯やろうや…
アンタたち…
へへへ…
やっぱり実家もいいな
ごはんもおいしいし
ところでポレ美
そろそろ子供は？
……
いずれは欲しいなって…
まーたお前は暢気《のんき》なことを！
結婚したら早くに子供を作らんにゃどうするよ
フミハル君だって子供が欲しいに決まっとるじゃない
あんたがしっかりしとらんからよ…
フミハル君がかわいそうやわ…
…うん

姉《ねえ》ちゃんおる？
おっ
ポリ子《こ》！いいところに帰ってきた！
姉ちゃんに話あるから借りるよ！
ぐいっ
？
なんなんだ？お前ら…？
えーっ？
？
バタン。…
ここなら大丈夫かな…
何？何？どうしたの？
貸せるようなお金はないからね～
実はね…

妊娠したの！
えっ…
びっくりしたよ！結婚して1年経つけどできなかったからさ！
誰よりも最初に報告したかったんだ
姉ちゃん？
……
お…おめでと～いやぁ！めでたい！めでたい！
いたいって…
もう酒もタバコも禁止やぞ！
とっくにやめてますわい
フン…

早く
父《とう》ちゃん母ちゃんに
報告しといで！
は〜い！
本当け？
よかったなぁ！
おーい
ポレ美？
聞いたか？
早く下りてこーい
友達の子供
親からのプレッシャー
妹の妊娠…
みんなで
祝うぞー
私だけ…
レスなんて…
はーい！
今行く〜
言えない…

Chapter2
妹のやさしさ
めでたい
めでたい
うぃ～
お父さん…
姉ちゃん…
ジャー
ごめん…
えっ…

何が？
私 妊娠で気が大きくなってさ…
レスって相談されてた姉ちゃんの気持ちも考えずに…
そんなこと気にせんで良いがぜ！
でも…
そうだ！甘いもの食べたくない？買ってきてあげっちゃ！
ミーーン
ミーーン
ジジジ…

ポリ子が妊娠か…
思えば――
ちょっと聞いてよぉ～
夜中になんなんけよ…
わざわざ東京《こっち》に来てくれたん⁉
フン
有休消化したかっただけやし
山木さんが…うえええ…
仕方ない給料日だし飲みおごったるわ
カラオケ行くぞ！ストレス発散や～
わーい
わーい
離れてるのにしょっちゅう会ったり話したり私に付き合ってくれて…

スーパー
小阪屋
20:30
ワーッ
上手〜
ポレ美ったら遅いね
どこで何をしとるん
かね…
ハァ…
……

私ちょっと見てくるわ
うん
居た!
ありがとうございました!
ポリ子…
遅いよ…
ごめん ごめん 立ち読みしとったんよ
でもプリンをたくさん…
姉ちゃん…

これからも
今まで通りなんでも
相談してよ
えっ…
東京《とうきょう》にはそんなに遊びに
行けんくなるけどさ…
LINE《ライン》だったら
いつでもできるし…
私でよければ
いつだって話
聞くからさ…
ポリ子…
ありがとう…
あ そうだ
コレ…
ガサ
えっ…？

性別とかまだ
わかんないでしょ
スーパーで買ったから包装もしてないけど…
だからぬいぐるみにしたがやけどさ…
赤ちゃんに伯母から最初のプレゼント
へへ…
ありがと…
女の子かなー
男の子かなー
そーだなー

これ以上
余計な心配を
かけちゃダメだ…
キャ
今の話も聞いてるのかな〜
キャ
レスのことを
相談するのは
もうやめよう…
これからは
私がこっちに
遊びに来るよ
うん
私もついにオバさんか…
妊活
頑張らなくちゃ…
オバちゃんって呼ばれるのヤダなー
ポレ美ちゃんって呼んでもらお
アハハ
何言ってんだか…
早くみんなを
安心させるためにも
期待に応えるためにも…

もう帰るんか
Chapter3
ダーリンの帰国
もっとおれば
いいがんに…
ごめんね
急に仕事が
入ってしまったがよ
………
またすぐに
帰って来るちゃ
今度は
お前の番だぞ
良い報告が
聞けること
楽しみにしとっちゃ
うん…

ゴー
東京〜東京〜
ガチャ
ふーっ
もうすぐで着くよー
元気でおりこうさんにしてましたよー
ありがとうございます
よっ
やーっと落ち着いた〜
動物には予防注射を

仕事が入ったなんて
嘘だ…
本当はまだまだ
むこうに居れたけど…
ポレ美は
子供は？
結婚したら早くに
子供を作らんにゃ
姉ちゃん私
妊娠したの…
…
RR…
もしもし
ポレちゃん？
がばっ
山木《やまき》さん！
意外に仕事が
スムーズに進んでさ…

今夜中には
帰ってこれると思うよ
本当!?
また連絡するね
うん!
気をつけて
帰ってきてね!
5日間か…
CALENDAR
山木さん
出張
4
5
6
たった数日なのに
長かったなぁ～
そうだ!
今日は山木さんの
好きなスキヤキ作って
お迎えしよう!

嬉しぃ!
僕の大好きなスキヤキを用意してくれるなんて…
日本食も恋しかったけどそれ以上に僕は――
ぎゅっ
ポレちゃんが恋しかったよ
この間の続きをしようか…
や…山木さん
でへ
なーんて♡
喜んでくれるかな?
早く会いたいな〜
トン
トン
ただいまー
ポレちゃん?

おかえりぃ～
ぎゅっ
わっ！
パッ
急にどうしたの？
びっくりするじゃん！
急いよ…
……
ご…ごめん
いや～
5日間なんて
あっという間でさ…
もう少し向こうで
仕事したかったよ

そっか…
山木さんはあっという間だったんだ…
そうだ！ポレちゃんにお土産
え？
なんだろー？
わーっ
あとでゆっくり見てね
ありがとう！
そうそう♪
今日はね山木さんの好きなスキヤキにしたよ
今すぐに支度するから…
いいよいいよ
機内で食べてきたしお腹《なか》いっぱいだから…

とりあえず
今日は寝ていい？
実家の話も
明日聞かせてね
おやすみ…
バタン…
カチャ
あ そうだ
お土産…
何かな？
えっ…

Chapter 1
子供の名前は何にする？
手紙…？
ポレちゃんへ
カサ…
この人形はお守りです
子宝に恵まれたり夫婦円満になるんだって
子宝…
夫婦円満…

他にも…
ポレちゃんに似合いそうなもの好きそうなものたくさん買いました
いつも僕とアフちゃんが過ごしやすいように頑張ってくれて…
本当に感謝しています
直接言うのが照れくさいので手紙で許してね
こんなものまで入ってる〜
セクシートランプだって〜
アハハ
PLAYING
CARD

ありがとう山木さん…
ぐが〜〜
レディースクリニ
よーし！頑張るぞ〜
グラフはいいですね排卵も問題なくしているようだし…
よかった！
ただ…
肝心のことをしていないようじゃ…
………

ちゃんとご夫婦で話し合ってます?
……
一度ご主人と一緒にいらしてください
はい…
未来の赤ちゃんを
ガタン
ゴトン
肝心のことをしていないようじゃ…
そんなことは分かってるよ…
だけど…
ごめん…
あの日以来…

お名前は？
華恋《かれん》です
へ～
女の子だったら
こういう名前も
かわいいよねー
今どきって
感じがしてさ
ポレちゃんは
どう思う？
へ？
そうだなぁ
そういう名前も
かわいいけど古風な
名前も好きだな～
それ分かる！
じゃあ 男の子だったらさ
文豪からとっちゃおっか
啄木とか
龍之介とか
実篤とか……
………

私と山木さんの
子供でしょ
完全に名前負けするじゃん
子どもがかわいそう…
アハハ…
だよねぇ～
じゃあ歴史上の…
そっちもダメだっつーの
どうして？
ハハ…
………
こんな話はしてくれるのに…
山木さん
今日
病院に行ってきたよ

どうだった？
特に問題はなかったよ
よかった…
それでね 今度ダンナさんも 連れてきて くれないかって…
ほら 私は検査って いっても市の子宮癌《しきゅうがん》検査を 受けただけで 専門的な検査はまだ してないでしょ？
一緒にそういう検査も…
ポレちゃん…
僕は… 検査っていうのは ちょっと抵抗が…
そうだよね…

検査は最終手段に
しようよ…
まずは二人で
頑張ろう…
………
だけど…
いつまでたっても
前に進まないんじゃ…
ぐぅ…
ぐ
が
………
ん?
そうか!
私に反応がないなら…
あの方法があるじゃん…

Chapter 5

お面作戦!?

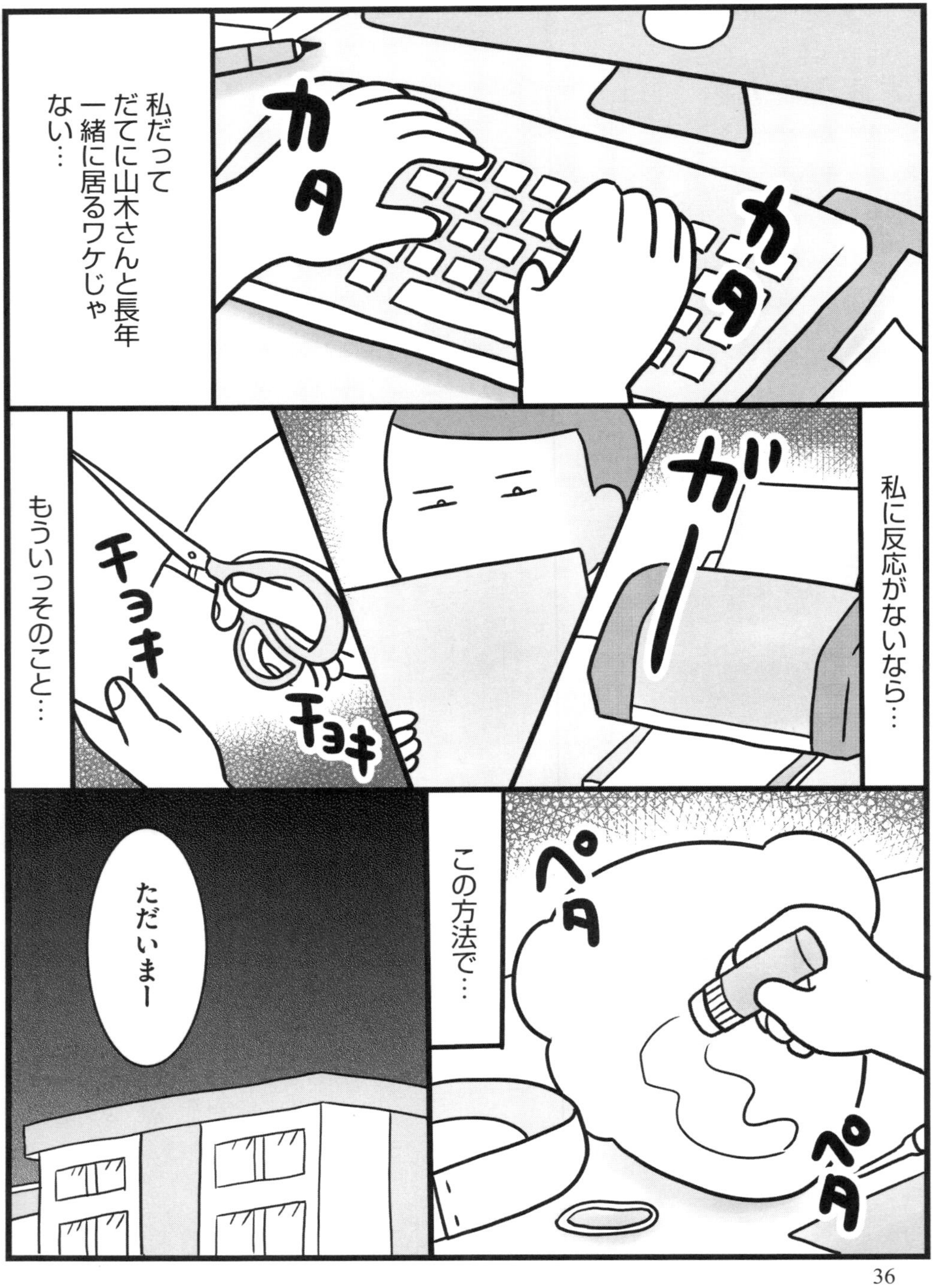
私だって
だてに山木さんと長年
一緒に居るワケじゃ
ない…
カタ
カタ
私に反応がないなら…
ガーー
もういっそのこと…
チョキ
チョキ
この方法で…
ペタ
ペタ
ただいまー

ポレちゃん？
？
シーン
ガチャ
ポレちゃ…

ん…
おかえりぃ～♡
ばーん
どうだ!? 山木! このお面の出来栄えは!
今 目の前にいるのは お前の大好きな ミ○モニ時代の 加○ちゃんだ!
好みの女性を前にして 興奮しない男が この世に居るだろうか!
さぁ! 思い切り抱くがいい!

あれ…？
もしかして反応がイマイチ？
天下の加○ちゃんにもブランクが…？
でも大丈夫！
そんなこともあろうかと山木さんの大好きなアイドル＆女優のお面を
ハリウッド女優のダ○タちゃんまで!!
他にも揃えておいたからーっ！
………
ポレちゃん…

やめよう…
えっ？
気持ちは嬉しいけど…
そうじゃないんだ
何度も言ってるけど
僕が好きなのは
普段のポレちゃんだよ…
分かる？
………
…からないよ
えっ？

分からないよ!
じゃあどうして私としてくれないの!?
ごめん…
どうしてあの時できなかったの!?
あれはたまたま…
…だと思う
だから…

今日はもう寝よう
明日ゆっくり…
山木さん…
本当に明日なの？
約束できる!?
…何？

Chapter6 天井のシミ

………
ぐー
がー
今日も眠れなくて
天井を眺める
この家…
新しいのに天井には
シミがあるんだよね
よく見ると
人の形みたいでさ…
山木さんは
知ってた?

鳥さんがいるねー
今日こそちゃんと話し合わなくちゃ…
………
おさんぽ楽しいねー
ただいまー
ポストがパンパンだったよ
おかえりー
ごめんごめん今日一日外に出てなくってさ
ここに置いとくよー

ねぇ山木さん
ちょっといい？
アウトー
スリーバント
失敗ー
ん？
あのさ…
この間も言ったこと
なんだけど
何？
………
ピコ
ピコ
ゲームは少し
中断してよ
大事な話なんだから
僕はゲームすらさせて
もらえないの？
えっ？

いやあのね…
僕は毎日ポレちゃんとアフちゃんのために一生懸命働いてるよ
お酒だって飲まないタバコだって吸わないギャンブルだってしない
そんな僕の唯一の楽しみがゲームなんだ
帰宅後くらい好きにさせてくれたって…
分かった
もういい
好きなだけゲームしててよ！
バーンッ

ジ～ン
大事な話がしたかっただけなのに…
……
そうだ
郵便…
見るの忘れてた

掲載誌にダイレクトメールに…
ん？
この間の子宮癌検診の結果…
市
子宮がん検診結果
結果 在中
カサッ
えっ…
各種病変の疑いがあります。
医療機関をすみやかに受診してください。

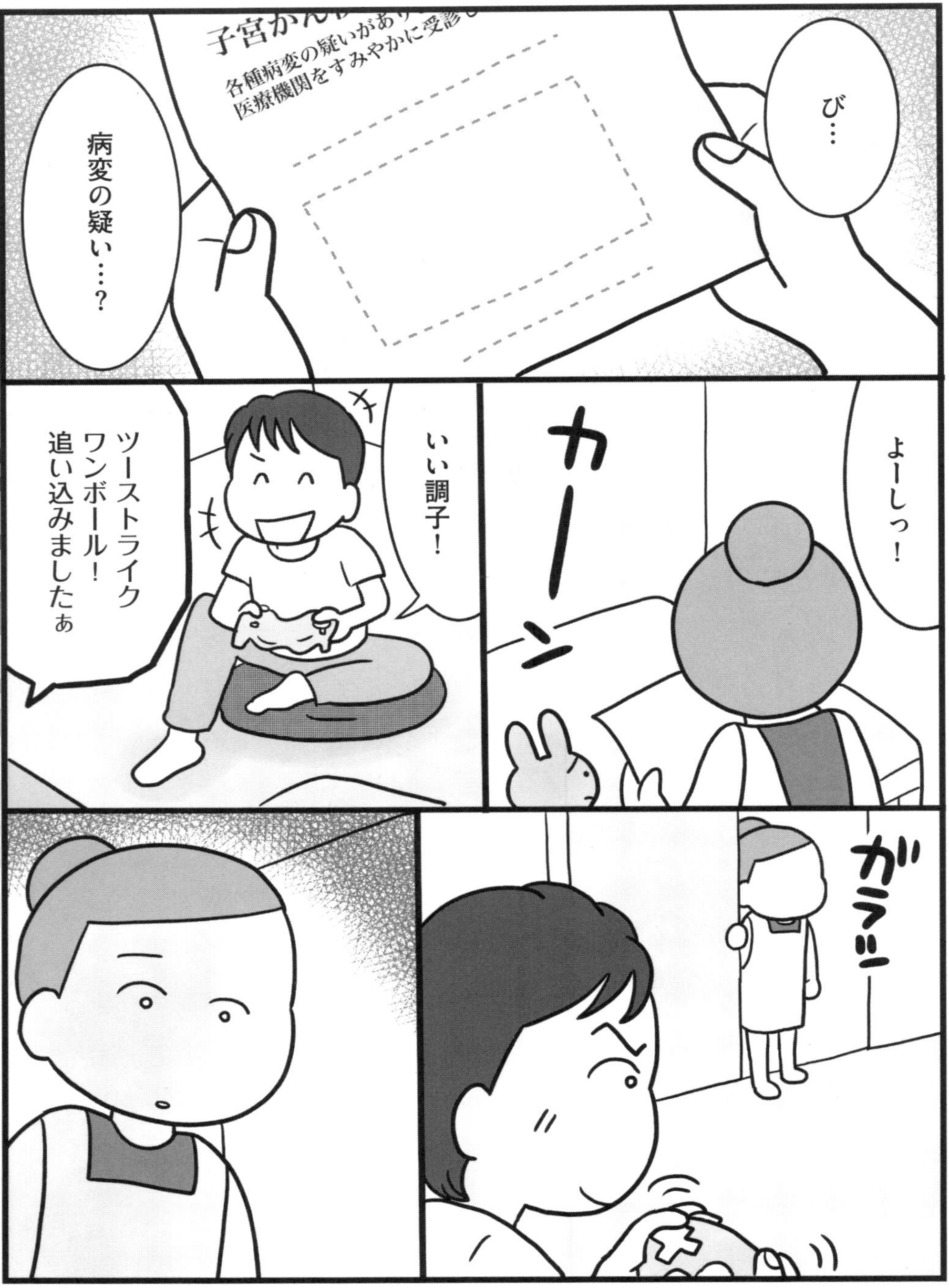
子宮がん
各種病変の疑いがあり
医療機関をすみやかに受診
び…
病変の疑い…？
よーしっ！
カーン
いい調子！
ツーストライク ワンボール！ 追い込みましたぁ
ガラッ

Chapter 7
精密検査

それは…？
うちでは詳細な検査ができかねますので…
別の病院で精密検査を受けてもらえませんか？
紹介状かきますので…
ポレちゃん大丈夫だって
ラーメン
CAFE
医者が大げさに言ってるだけだから気にすることないよ
次の病院だって僕がついていくから
ねっ
本当？
うん約束するよ
じゃ僕はこのまま会社に行くから…

ぎゅっ
もう少し一緒に居てくれる？
会社に遅れちゃうよ
そのかわり早く帰ってくるからさ
ねっ

えっ
張り込み取材が？
その日は
動ける人が僕しか
居なくってさ…
ピッ
病院に一緒に
きてくれるって
約束したのに…
仕方ないでしょ
仕事なんだもの
子供じゃ
ないんだから
一人で行けるでしょ
なんでやねん
そうだけど…
………
ぐー
ガー

じゃーね
アフちゃん
ママはちょっと
病院に行ってくるから
大丈夫だよ
心配しないでよ
異形成…？

それはつまり…？
子宮頸癌《しきゅうけいがん》に至る前にはいくつか段階があります
ポレ美さんの場合は子宮頸部の細胞に異常の見られる状態で…
現段階では癌ではありませんが…
将来——
癌化する可能性があるということです
とはいえこれから定期的に検査を受けて頂きますから
初期の段階で治療ができるので安心してください
ただ…
守ろう!!
赤ちゃんの——
妊娠をご希望なら早めの方が…

じつは今
別の病院に…
そうでしたか
今後は検査しながらの
治療になりますので…
うちと提携している
不妊専門のクリニックを
紹介しますね
妊娠をめざす
はじめての方でも
バス
将来
癌化する可能性が…
妊娠をご希望なら
早めの方が

バス
RRR…
ポリ子…どうしたの？
聞いて！赤ちゃんが双子だったみたいでね！
キキッ
もうびっくりで…
お客さん乗らないの？
もしもし姉ちゃん？
もしもーし？
誰か助けて…

Chapter 8 あの頃…

本棚の整理とファイリング終了～
ふう
次はブックカバーの張り替えだ～
楽しいのかって？
ん？
楽しいよ！
何も考えなくていいから…
ス
次の本は…
あ～っ この雑誌！
SpicyMa
山木さんが月刊誌の芸能班に居た頃の…
アイドルのウ

懐かしいな…
パラ
あの頃…
もう10年も前か…
はい！では金曜日の14時に伺います！
イラストもちこみリスト
NG
中学館 03-XXXX-XXXX
白夢社 03-XXXX-XXXX
マガジンホーム 03-XXXX-XXXX
OK
月刊スパイシーマガジン
03-XXXX-XXX
ガタン
ゴトン
古巣出版

ポートフォリオ
ポレポレ美
ポートフォリオ
ポレポレ美

月
山木さん
イラスト
依頼
あの時の…
アイドル びっくり 列伝!!
イラスト・ポレポレ美
そう…
それから…
Spicy Max
一緒に取材したり
打ち合わせしたり
するようになって…

すみません…
ついついビールを
飲み過ぎちゃって…
うぃ〜
大丈夫ですか?
へ〜い
ひっく
………
アハハ
兄ちゃん
ガンバ
山木さん…
ありがとうございます…
えっ?
私なんかのイラストを
使ってくれて…

ヘタだし
才能がないことは
自分が一番分かってます
この先 売れないし
食べていけないって…
でも…
すごく嬉しかった
自分の作品が
私だけの世界を飛び出して
世の中に出るということが…
こんなに幸せな
ことなんだって…
ポレ美さん…
僕はポレ美さんの
作品も…
ポレ美さんのことも…

たとえ
売れなくたって
評価されなくたって…
僕はいつだって
一番のファンで
大好きだから…
いつからこんなふうに
なっちゃったんだろ…

[セックスレス嫁日記]

COLUMN

1

私の実家は地方都市では割と都会のほうではあるのですが、それでも虫の鳴き声が BGMで、朝はキジの鳴き声や鶏の鳴き声が響くのどかなところです。保守的な土地柄なので、両親も「結婚したら子供を持つもの」という田舎ならではの古い考えが根付いています。当時はそれがうるさく感じ、焦りが日に日に大きくなりましたが、親の気持ちを思うと無下にはできなかったし、早く孫を見せて、安心させてあげたい気持ちもありました。

そんな中、妹ポリ子から妊娠報告を受けました。ポリ子とは子供の頃から仲が良く、困ったことや、恋愛相談、お互いの恋人関係まで知らないことがあまりないのではというくらいになんでも打ち明けていて、妹というよりは親友に近い関係だと思います。だから、妊娠を最初に報告してくれた時はとてもうれしかった反面、自分はセックスレスであり、妊娠したくてもできない焦りと置いてかれたような寂しい気持ちになってしまいました。喜びたいのにうまく喜べない複雑な感情で胸が押しつぶされそうになってしまったのです。

婦人科に通っている時、待合室には当然ですが妊婦さんや子供連れの方がいて、同じ空間にいることが妙に感じ、どこか他人事のように自分を見てしまいました。反面、ダンナさんや彼氏が付き添ってくれている方を目にすると、自分だけ取り残されてしまったような孤独を感じました。癌化の可能性を告げられた後、何も考えられなくなってボケーっとしていると、ポリ子から双子の電話報告。自分の体に対しての例えようのない不安と、テンションが全く違う電話にどうしていいかわからなくなり、自分の中で事実を処理するのが精一杯で、山木さんにはすぐに結果を伝えることができませんでした。

1巻でも繰り広げた山木さんとの数々のセックスレス解消作戦の中には、若干「笑い」のようなムードも残ってはいましたが、今回のお面時にはもはや「笑い」は一切なく、山木さんからの目線は「呆れ」のような目線に変わりました。それ以降は、お互い「レス」の話題に関しては、出すこと自体がタブーじみた空気に変わっていったように思います。

KYOU MO
KOBAMARETE MASU

Presented by
Poreporemi

Chapter 9
お義母さん来る!

だから少しの間仮眠しようと思ってさ…
眠たいし…
そっか…最近疲れてたもんね
こんにちは～
遊びにきちゃった
ふふ…
お…お義母さん!?
並木一夫《なみきかずお》の東京公演帰りだったの～
時間が空いたからこっちに寄ってみたわ
コレお土産よ～
にしても突然すぎでしょ…

相変わらず並木はよかったわよ～
お義母さんは昔からずっとファンなんですよね
苗木一夫 コンサート in TOKYO
そうよ
フミハルがお腹に居る頃にもよく聞かせたものよ…
お腹といえばうちのポリ子がこの度双子を妊娠しまして…
まぁ！
偶然ね！
うちの純子《じゅんこ》と同じじゃないの！
えっ…
お義姉《ねえ》さんも妊娠…!?

ふあ〜
純子は40歳を目前に第3子の妊娠よ！
あとはフミハルとポレ美ちゃん
ねっ？
えっ…
フミハルは昔から甘えん坊で少し頼りない子だけど…
ふあ…
とっても穏やかで優しくってポレちゃん思いよ…

だから…
ね？
は…はい
そうですよね…
2人ともまだ若いんだもの
すぐできるわよ
お義母さん…

そろそろ新幹線の時刻だし帰るわ…またね
今度はゆっくり遊びにきてください
パタン…
あーあ…母さんもなんで突然くるかなぁ…
結局ぜんぜん仮眠もできないまま出社か…
山木さん
何？
…どうして？

どうしてお義姉さんが妊娠したこと…
私に黙ってたの？
どかっ
言って何か得があるの？

と…得!?
得とか
そういう問題なの!?
だって…
言ったところで
どうせ責められる
だけでしょ?
「どうして妊活して
くれないの?」って
僕だって努力してる…
でも僕なりの
ペースがあるんだよ
ごめん もう
張り込みいかなくちゃ…
パタン…

Chapter10
私の気持ちがわかるなら…
言って何か得があるの？
………
山木さんはどうしてあんなことを…
ただいまー
張り込み失敗してもうクタクタだよ～
おかえり
もうすぐごはんできるから着替えておいでよ
えーっとTシャツはっと…
どんっ
いてて…

病理診断
結果報告書
ちょっとポレちゃん！
何!?
どうしたの？
バンッ
「どうしたの？」
じゃないでしょ！
何コレ!?
どういうこと!?
理診断
書

………
どこで見つけたの？
そんなことはどうでもいいよ！
精密検査でなんの問題もないって言ってたよね？
なんなの!? この結果は!?
病理診断　結果報告書
1　検体P＋EC（採取法）ブラシ判定
見
層細胞ないし化生細胞に、核形不整
度異形成を考えます。
なんなの!? 中度異形成って!?
どうしてこんな大事なこと僕に黙ってたの!?
ねぇ！
どうして!?
………

言って何か得があるの？
な…
なんだって…？
山木さんは…
私の気持ち考えたことある？
周りが…次々に妊娠していく…
知り合いも友達も…

おまけに今度は…
ポリ子が双子
お義姉さんは3人目を
妊娠して…
いや…
でもそれは…
黙って聞いて！
この前実家に
帰った時も
そうだけど…
毎回両親に
聞かれるんだよ？
「孫はまだか？」
って…
「もうそろそろか？」
って…

……
そして今日は
お義母さんからの
無言のプレッシャー
分かる?
私の気持ちが!?
…分かるよ
そう!
じゃあ
本当に私の気持ちが
分かるなら…

お願いします
私と
セックス
してください

お願いします…
…………
ポレちゃん…

Chapter11
心の叫び

お願いします！
私とセックス
してください！
お願いします！
妊活に協力
してください！
私を妊活の
プレッシャーから
解放させてください！
お願いします！
お願いします！
お願いします！
………

ポン
ポレちゃん…
顔をあげて
山木さん！

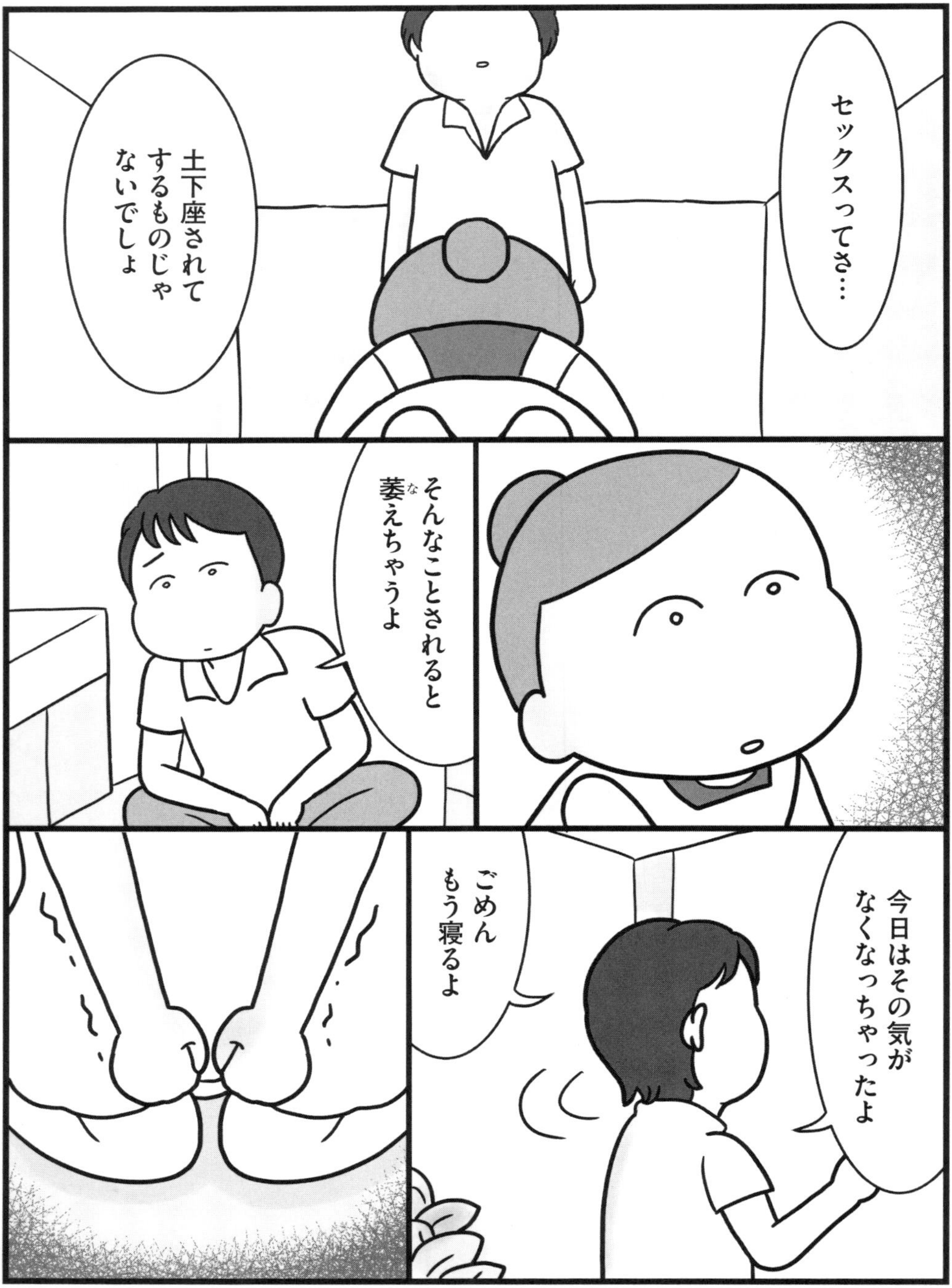
セックスってさ…
土下座されてするものじゃないでしょ
そんなことされると萎《な》えちゃうよ
今日はその気がなくなっちゃったよ
ごめんもう寝るよ

待って！山木さん！
…ごめん
また今度に…
萎えさせちゃってごめんなさい
もう土下座でセックスをお願いなんてしません
だから私…
一人で妊活します
ひ…一人でって
どうやって…

私に精子だけください…
だって一人ではできてるでしょ!?
私前にゴミ箱から処理後のティッシュ見つけちゃったもん!

私に興奮しないなら風俗に行ってきてもいい！だから…
ポレちゃん…
それ以上はもう黙って
僕のプライベートにこれ以上踏み込まないで
いくら夫婦でも
それはルール違反だよ

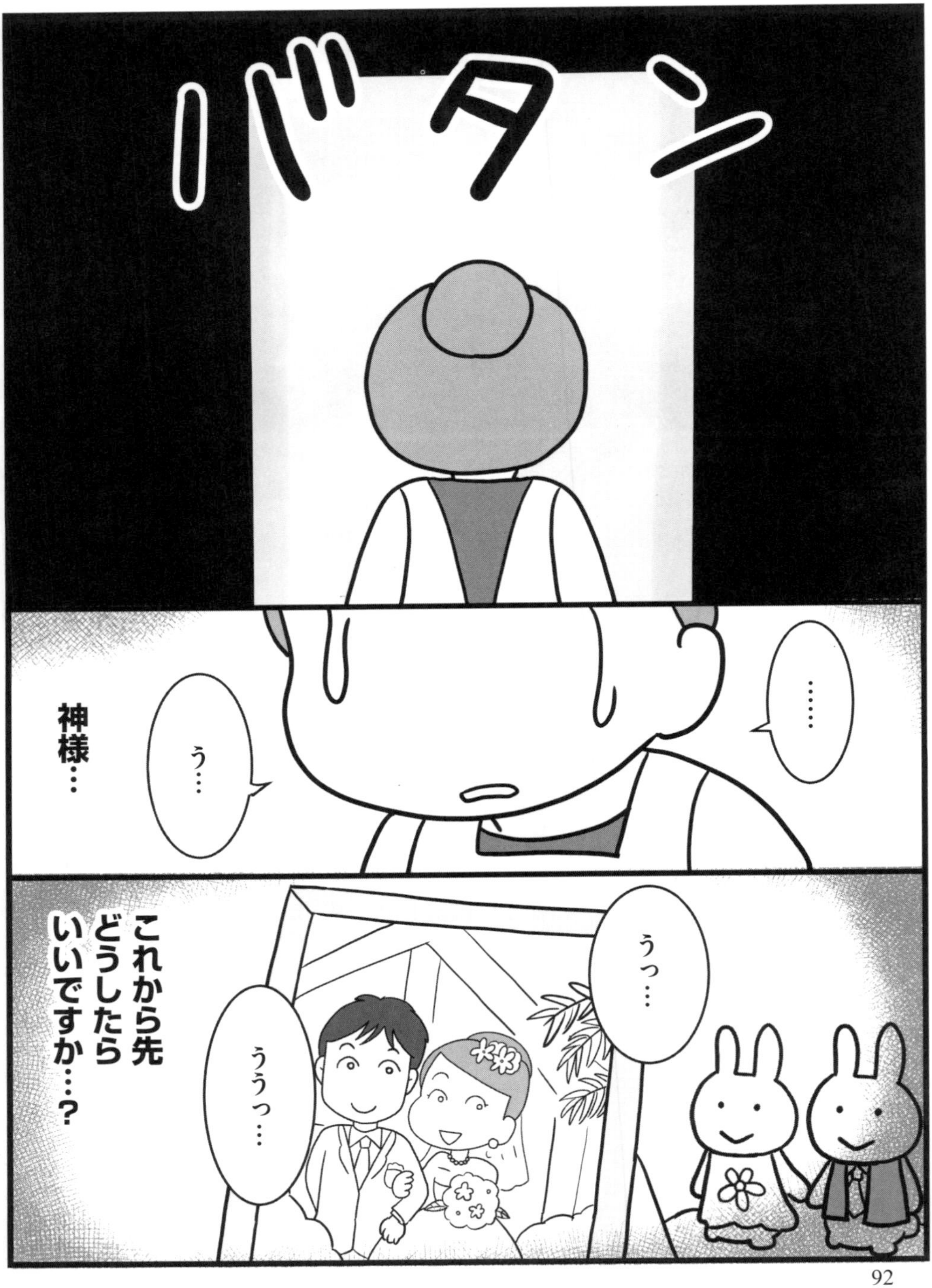
バタン
……
う…
神様…
うっ…
ううっ…
これから先
どうしたら
いいですか…？

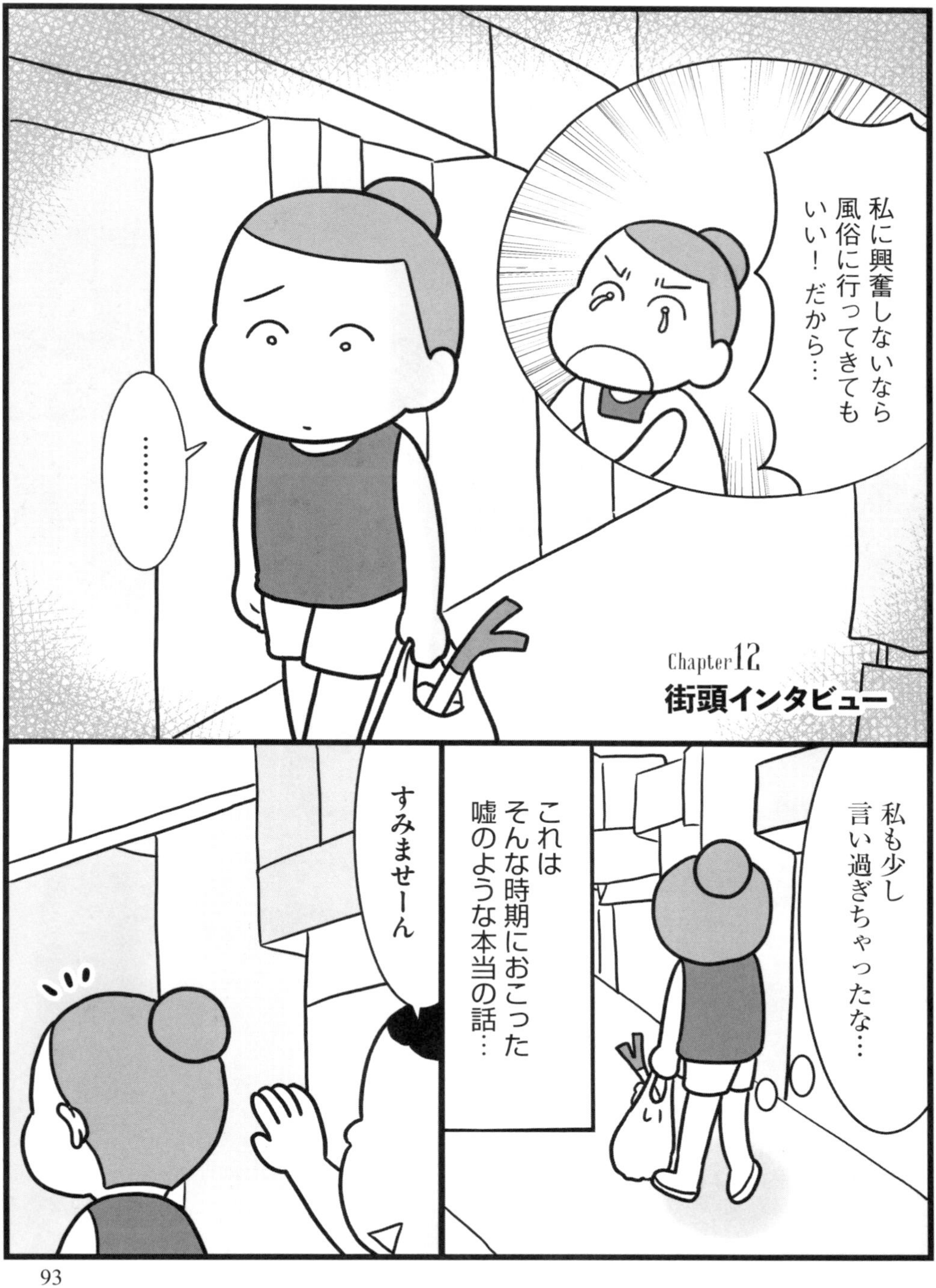
私に興奮しないなら風俗に行ってきてもいい！だから…
………
Chapter12
街頭インタビュー
私も少し言い過ぎちゃったな…
これはそんな時期におこった嘘のような本当の話…
すみませーん

…はい？
今
深夜のテレビ番組の
街頭インタビュー中で…
えっ…
テ…テレビ？
少しだけ
お時間もらえます？
ははい
ちょっとだけなら…
町で見かけた
若い女の子に恋愛事情を
尋ねるといった内容で…
若い女の子⁉

いいやいや
三十路《みそじ》超えて
こんなスッピンで
ネギ抱えた私が
「若い女の子」に見える
わきゃない…
ただの
お世辞でしょーね
あっあの
すみません
やっぱり私…
大丈夫です
お時間とらせませんので
身バレが心配でしたら
編集もできますので
安心してください!
詳細はロケバスで
お話ししますので…
こっちです
は…はぁ
まぁ面白そうだし
付き合ってみるか…
ガラッ

こちらへどうぞ
えっ…
どうして車内にこんなに衣装が？
どーもどーも
ディレクターの鈴木《すずき》と申します
ひとつ確認したいのですが…
18歳以上でお間違いないですよね？
お世辞にも限度ってものがあるでしょ…

あハイ
免許証確認しました
確かに…
…あの
仮に18歳未満だと
何か問題でも…？
ええ…
会社の決まりなので…
会社の決まり？
では早速
インタビューと撮影を
はじめたいのですが
その前に説明を…
これは
謝礼の発生する
番組になります
謝礼!?
恋愛事情を
話すだけで!?
これは予想外！
嬉しいな～
何買おうかな～♡
エヘヘ…
ちなみに今は
どんな恋愛されてます？

恋愛というか…
結婚してるんですけど…
え？
本当ですか？
いつご結婚を？
まだ1年も経ってなくて
新婚で…
へ～新婚さん！
毎日さぞ
楽しいでしょう？
………
夜の方も毎日
お盛んでしょ？
あ…あの…
いいですね～
いいですね～
…というようにですね

下ネタを多めに話して頂きたいんです
は？
下ネタの内容が過激であればある程謝礼もアップします
は？
それからお話しする時は衣装に着替えてほしいんです
はぁ？
こちらの衣装はいかがですか？
あなたの場合老けた女子高生に見えなくもないです
お世辞じゃない！完全にバカにされてる！

ちょっと待ってください
これって深夜番組の
街頭インタビューの
ロケなんですよね？
えっ…
ハイ…まぁ
深夜番組というよりは
DVDですよ
男性向けの
このワゴン車
マジックミラーに
なってるんですよ
こ…
これって
もしかして…

Chapter 13
AVじゃん!
これってもしかして…
マジックミラーですから着替えもしやすいですし…
それにテレビのように不特定多数の人に見られるわけではなく…
購入した人しか見ることができませんし…
安心してください
何を!?

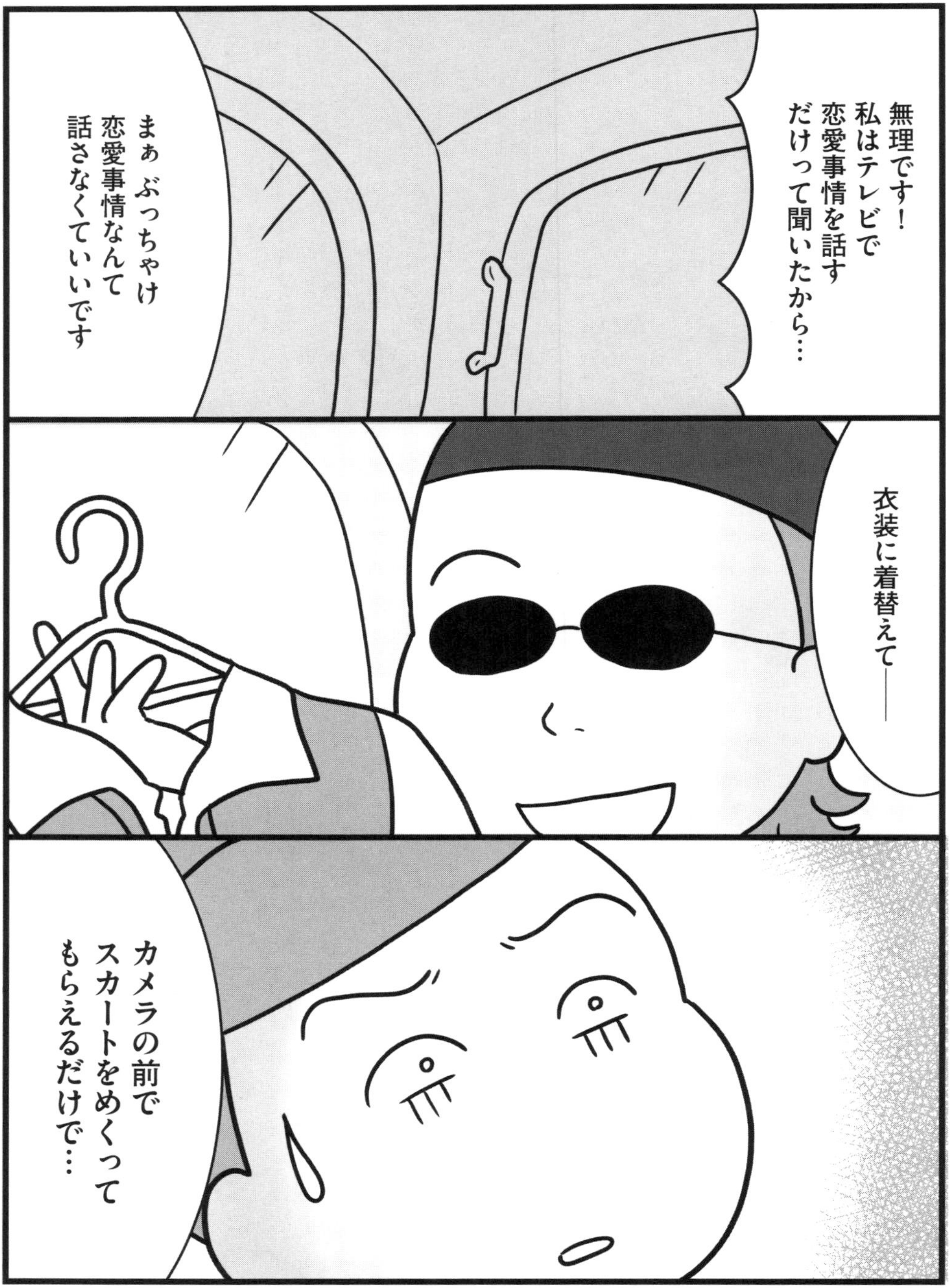

無理です！
私はテレビで
恋愛事情を話す
だけって聞いたから…
まぁ ぶっちゃけ
恋愛事情なんて
話さなくていいです
衣装に着替えて——
カメラの前で
スカートをめくって
もらえるだけで…

それだけで済む訳ないじゃん
話が違います！
スカートが無理ならシャツのボタンでもいいですよ
先程も申し上げたように
過激であればあるほど謝礼はアップします…
最終的にカメラの前で本番行為を…
AVじゃん…
そういう話なら私…
奥さん
奥さんみたいな人妻を喜ぶ男性も居るんですよ

謝礼は
はずみますので…
ごめんなさい！
失礼します！
あっ
もしも今後気が
変わることがあったら…
………
いつでも連絡してください

キーン
コーン…
キィ…
ワー
ワー

そんなことされると萎えちゃうよ
今日はもうその気がなくなっちゃったよ
えっ？ご結婚されてたんですか？
じゃあ夜の方もお盛んでしょ？
奥さんみたいな人妻を喜ぶ男性も居るんですよ
ごめんまた今度に…

お願いします
私とセックス
してください
最終的に
カメラの前で
本番行為を
して頂けたら…
私って
なんなんだろ…

もしも今後気が変わることがあったら…
…………
ビリ
ビリ…
たっくーんごはんの時間だから帰るわよー
さて 私も…
そろそろ帰って…
山木さんの好きな鍋を作らなきゃ…

［セックスレス嫁日記］

COLUMN 2

あの土下座は、勝手に体が動いていていました。気がついたらそうなっていて、止めようもなかったのです。山木さんは「な、何やってんの」と半分焦り、半分どうしていいかわからない戸惑いの表情を浮かべていました。これは父親譲りの性格なのですが、昔から言いたいことや本音、特に怒りの感情については「出したほうが負け」というきらいがあって、怒りが湧くと途端に私は無口になってしまいます。あれだけ言いたいことを相手に対して言ったのは初めてのことでした。「言って得があるの？」と言われた時の怒りと呆然とした気持ちも重なっていたのだと思います。その言葉は悔しくてずっと覚えていたから。

その後の街頭インタビューは私自身びっくりしました。今思えばいきなり声をかけてくる段階で胡散臭いのですが、私にはこういったことに限らず、見知らぬ人から道を尋ねられたり、宗教の勧誘やキャッチなど、声をかけられることはよくあることなので、あの時も別段おかしなことに思いませんでした。それよりも、スーパーの帰りに突然声をかけられたので戸惑いのほうが大きかったです。ぼーっと歩いていたので「こいつなら断らなさそう」「騙せそう」というオーラが出ていたのだと思います。

車にいたディレクターは、髪が茶髪でピタッとしたシャツを纏っていて、今思えば輪をかけて胡散臭い感じでした。ただ、ここでもネギが顔を出したスーパーの袋を小脇に抱えているので、AV撮影だとは思うハズもなく、逆にディレクターに対して「変な目で見るのは失礼かな…」と感じてしまったほど。衣装が山積みにされていたけれど、それに対しても「服がたくさんあるな」ぐらいにしか思いませんでした。でも、あのディレクターの軽妙なトークや、話のテンポの良さが今思いだすとちょっと怖いです。実際、あの手馴れた口ぶりや雰囲気でOKする女の子もいるだろうと思うし、私もこれが上京間もない頃だったら、深夜番組の撮影だと信じていそうな気がします。帰る道すがら、現実には夫から拒まれ苦しい思いをしているのに、「男性ってなんなんだろう」「自分ってなんなんだろう」という二つの複雑な思いがぐるぐる頭の中を回りました。

KYOU MO
KOBAMARETE MASU

Presented by
Poreporemi

Chapter14 家族旅行

いけない
いけない
もちろん！
ただ アフちゃんを
病院に預けたり
締め切りもあるから…
分かってるよ
なるべく少なめの
日数で提案してみる
がー
ぐー
旅行か…
お義父さん…
お義母さん…
それから
お義姉さん一家と
旅行…

が
ぐぉ
正直言って
まったく気が進まない…
…………
いかん いかん
せっかくみんなが誘ってくれたんだから…
楽しまなくちゃね…
ガタン
ゴトン…

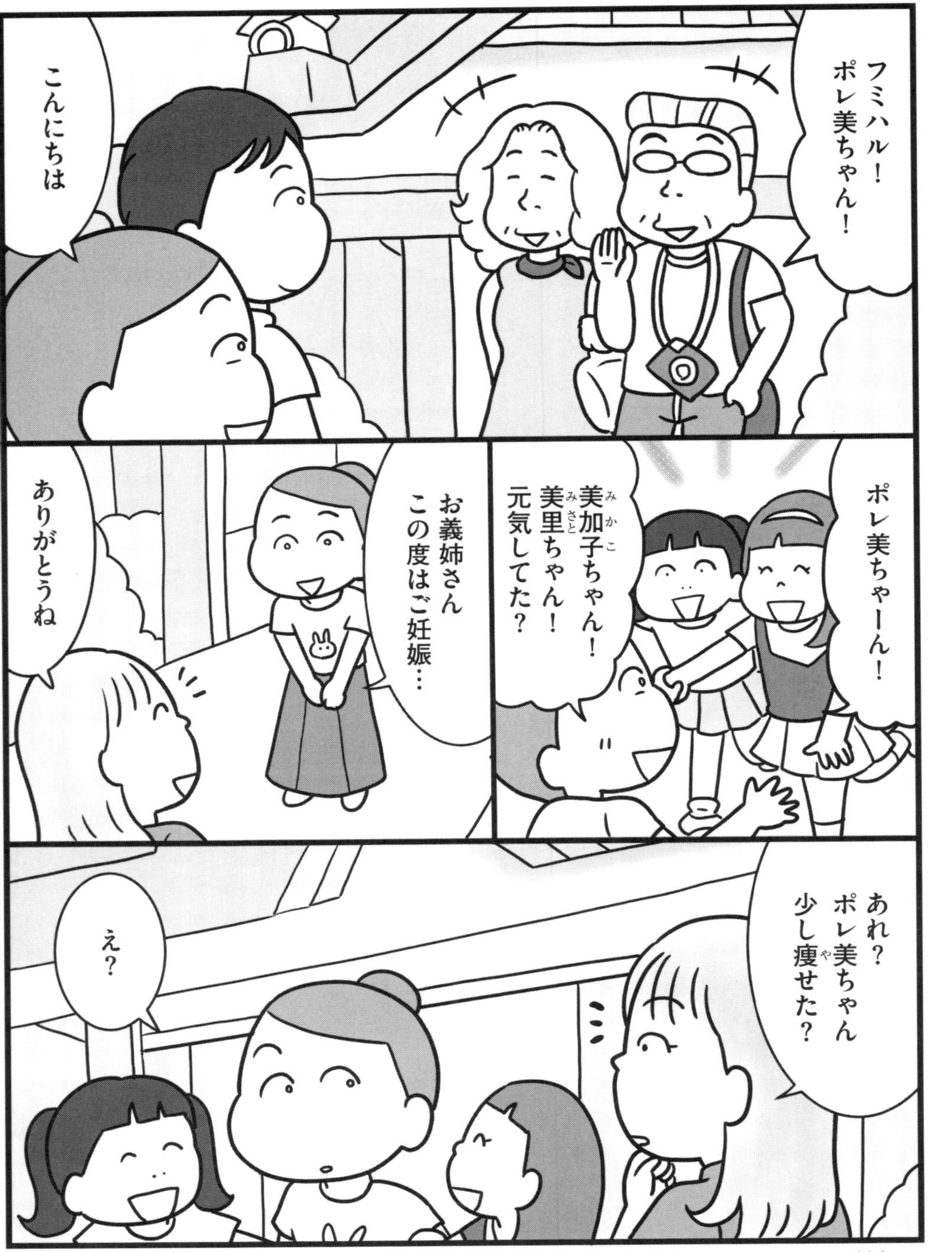
フミハル！ポレ美ちゃん！
こんにちは
ポレ美ちゃーん！
美加子《みかこ》ちゃん！美里《みさと》ちゃん！元気してた？
お義姉さんこの度はご妊娠…
ありがとうね
あれ？ポレ美ちゃん少し痩《や》せた？
え？

うーん そういえば最近 食欲が…
ダメよー
ダイエットなんてする必要ないんだから！しっかり食べてね
はい…
フミハル〜 おんぶして
仕方ねぇなぁ…
お姉ちゃんずるーい
わーい
次は美里な！

山木さん…
あーっ 腰が痛いい
もうおしまいい
あんなに
子供が好きなのに…
ポレ美ちゃん
これ
もらってくれる？
子授守
これは…？
地元の有名な
子宝神社のお守りなの

あっ…
ありがとう
ございます
いえいえ
余計なお世話かも
しれないけど…
お願いします
私とセックス
してください
私に精子だけ
ください

結局
あれからも…
…私たち夫婦には
何もない
ポレ美ちゃん
次行こー
あっ
うん！
…もう考えるのは
やめにしよう
まって〜
みんなと
楽しい思い出を
作らなきゃ…

どうぞ
お義父さん
お義兄《にい》さん
ありがとう
ポレ美ちゃん
Chapter15
嘘
しかし
よかったよなぁ
純子もこの年で
3人目を授かって…
ポレ美ちゃんの妹
ポリ子ちゃんも
双子を授かって…
……
めでたいなぁ～
わははは
この間
ポレ美ちゃんの
お家《うち》に電話したらね…

ポリ子ちゃんも双子を妊娠されたんですってね〜
そうなんですよ
私も家内も出かける度に子供服ばかり見てしまいますよ
分かりますわ〜
お父さんもお母さんもとても喜んでらしたわ
なんたってポレ美ちゃんのところは初孫だからなぁ〜
おまけに出産予定日が純子と1週間違いですって
えー!っ
すごい偶然!
——で
フミハルとポレ美ちゃんは?

そろそろ…
かね？
………
あの…
私たち…
今はまだ…
僕らは大丈夫だよ

えっ…
ポレちゃんがちゃんと病院に行ってくれてるし
基礎体温も測ってる
検査もしたけど問題なかった
僕らは僕らなりのペースで頑張ってるんだ
子供ができたら私立の学校に通わせたいって考えてるし…
山木さん…？
それを聞いて安心したわ
みんなお前たちの将来を心配してたんだ

子供のいない人生
なんて…
なぁ…?
ねぇ?
山木さん…
…ん?
施設のご案内
な…
なんで…
あんなデタラメを
みんなの前で話したの!?
どうしてあんな嘘を
平然と…
ポレちゃん…

なんで僕のこと怒るの？
えっ…？
ああでもしないとポレちゃんはみんなにあれこれ言われ続けたでしょ
僕はそんなポレちゃんの姿見たくなかった
つまりね僕はポレちゃんを守ろうとして言ったんだ
山木さん…
分かった？じゃあ聞くけど

どっちが悪い?
えっ…
ポレちゃんを守ろうとした僕と
家族の前で本当のことを言おうとしたポレちゃん
どっちが悪いかな?
………
そうだね…悪いのは私だよね
ごめんなさい…

そう
分かってくれたら いいんだ
や…
山木さん…
ポレ美ちゃーん トランプしよー
ガラッ
ハッ
わーい ポレ美ちゃんの 負け〜
JOKER
ハ… ハハハ…

Chapter 16
なんのために？

子づくりする気はあるんですか？真剣に考えられてますか？
……
基礎体
不妊治療はご主人の協力と理解なしにはできませんよ
……
次は必ずご主人を連れてきてくださいね
基礎体温表

ごめん
疲れてるから
僕は僕なりのペースで頑張ってるんだ
子供ができたら私立の学校に通わせたいと思ってるし…
じゃあどっちが悪い？
不妊治療はご主人の協力と理解なしには…
……
基礎体温表
月経… 平均7日 ―32日周期
出血… 最初の2日は全体的に多く鈍痛もアリ。
性交… 0回
メモ
平均して体温は36度前後。
排卵日は体温も高くなるので、

私…
なんのために
こんなこと
やってるんだろう…
基礎体温表
基礎体温表
基礎体温表
ポレちゃん!

どういうこと⁉
さっきゴミ箱見たら
こんなのが
捨てられてたんだけど！
なんで大切な
基礎体温の記録を
捨てちゃうの⁉
基礎体温表
ポレちゃん！
基礎体温表
………
僕は傷ついたよ
…何言ってるの？
山木さん…

傷ついたのは私だよ
この3カ月間山木さんは妊活に協力してくれた？
基礎体温表
だからそれは仕事が忙しくて…
いつもそればっかりだね
「忙しい」「疲れた」「眠い」
もう私イヤになるほど聞いたよ…
そんなこといったって僕の仕事は特殊だしそのへんはポレちゃんだって…
理解してたよ
でもさ…

山木さんと同じ芸能記者はみんな子供が居ないの？
みんないつも忙しくて疲れて眠くてセックスできないの？
仕事を言い訳にするのはもうやめて
ポレちゃん
僕なりのペースがあることも分かってよ
僕も一緒に頑張りたいんだだから…
分かった…

しばらく一人に
してくれる？
……
パタン…
こうして私は——
礎体温表
出口の見えない
トンネルに
足を踏み入れて
しまったのです——

Chapter17
あれ?
それはある日突然やってきた――
もぐもぐ
……
なんだか味がしない…
砂を食べてるみたい…

ポロポロ
SALE

さんま
安
98円
キャベツ
198円
SUPER
…あれ？
何を買いに
きたんだっけ…

何を買いに
きたんだっけ…
何を買いに
何を買いに
何を買いに
きたんだっけ…
何を…
何を買いに
きたんだっけ…

………
つるっ
ガシャーン
あ…
割れちゃった…

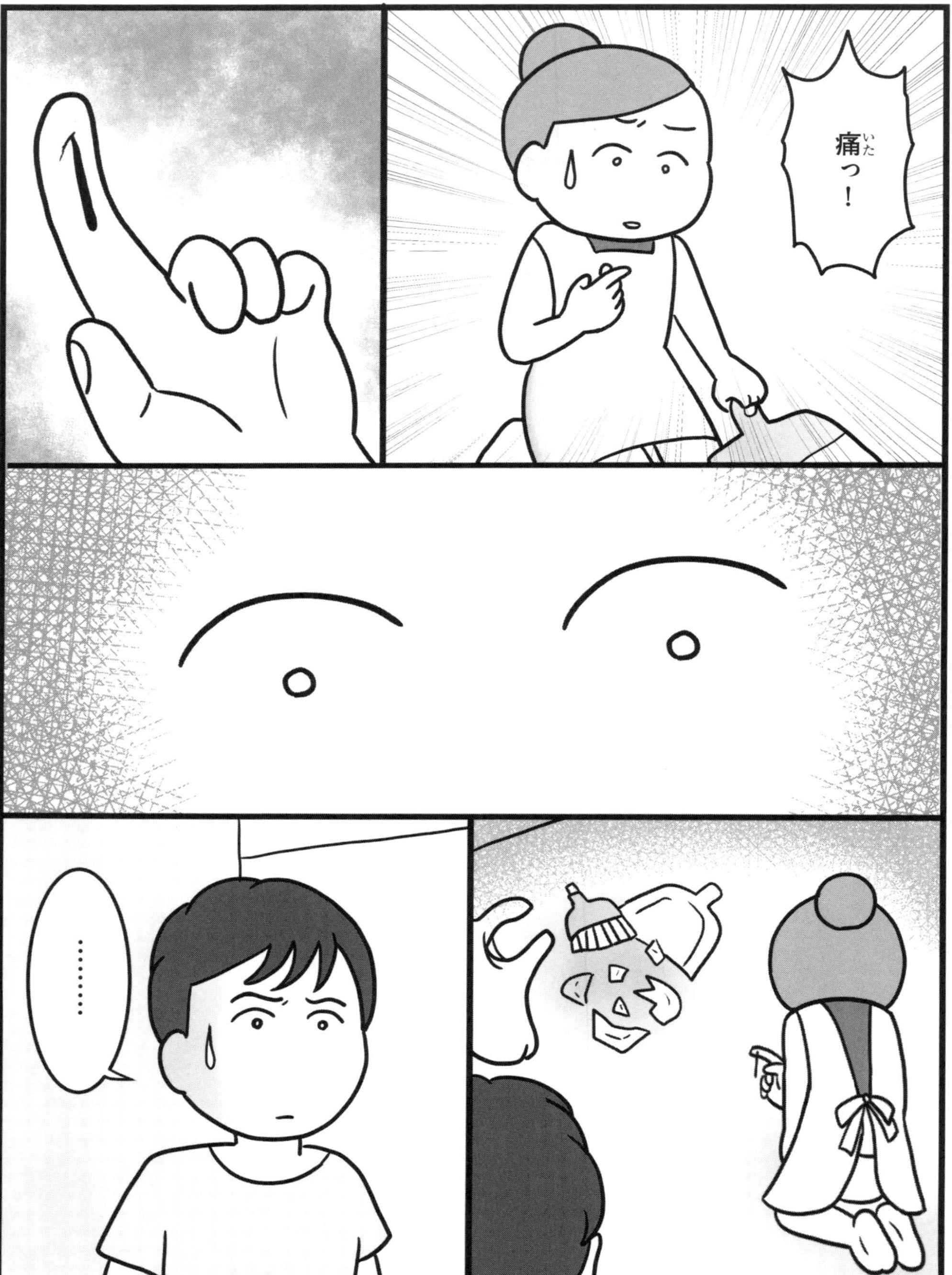
痛《いた》っ！
…………

ポレちゃん…
ぶ
ねぇ ポレちゃんってば…
…何？
なんだか最近 様子がおかしいよ
もしかして…
うつなんじゃ…
病院行った方が…
はぁ？ 私のどこがうつなの⁉
病人扱いしないで くれる⁉
ちょっと疲れて ボーッとしてただけだよ！

そ…そう…
ご…ごめん
ポレちゃん…

Chapter 18

洗濯機が使えない！

体が重い…
おもりをつけられた
みたいに…
チチチ…
………
そろそろ
起きなきゃ…
山木さん…？
会社にいっちゃったの
かな…
おくすり
アフロちゃん
心臓薬
AFRO

………
…あれ？
洗濯って
どのボタンを
押すんだっけ？
・38L
・48L
・洗い
水位
行程
洗剤は…
………
ママー
ワー

ピシャッ
カー
カー

コロン
どうして!?
いつもやってる
仕事じゃん!
こんなのすぐに
できるのに!
描けない!
描けない!
描けない!
描けない!

ポレちゃん…？
山木さん…
あれ？
私何してた？
今何時かな？
そうだ
洗濯機の使い方が
分からなくなって…
山木さんは分かる？
あと洗剤もね…
………

もしもし
そうです
妻の様子が…
はい
分かりました
本人を説得して
連れて行きます
手相
～創作料理～
さんた
NAIL
KITA5
メンタル
クリニック

Chapter19
何を頑張ればいい？

うつ病は
誰しもがかかりえる
ものなんです
…えっ
だから誤解しないで
ください
うつ病は悪いものでも
なんでもないんです
心の風邪と言われる
ように
今の段階だったら
お薬で症状も
緩和できます
うつ病って
…………
奥さんは少し
頑張りすぎたんです
これからは
自分を楽にさせて
あげましょうね

よかったね
薬で良くなるって
……
優しそうな
先生だったし
安心したよ
僕はずっと
ポレちゃんの
そばにいるから
頑張ろうね
……
おくすり
アフちゃん…

ママ
うつ病って
言われちゃった…
おかしいね
ママはこんなに
明るいのにね
でも…
頑張ろうね
何を頑張れば
いいと思う…？
ねぇ
トン
トン
何を頑張ればいい？

ジュー
ジュー
ごちそうさま…
お腹いっぱいなの？
ポレちゃん…

ごはん食べてて
なんとも思わないの？
えっ？
お米は硬いし
卵の殻は入ってるし
嘘…
野菜はどれも
ブツ切りだし…
ごめんね
すぐに作り直すよ
いいよ
カップ麺食べる
から
アハハハ…
マジでーな瞬間
ギャー
エッチの最中に
違う女の名前をな…
ごっつ
プレイボーイやな

山木さん…
ワハハ…
アハハ…
何？
テレビ
消してくれない？
…えっ
友人のバンドマンは
「めぐみ」としか
エッチしない
言うてましたわ～
ゲラ
ゲラ
なんやねん
その男は！
オカズも
「めぐみ」か～
ギャハハ…
………
そういう話題が…
分かった
もういいよ

僕は帰っても
自由に好きなテレビも
見れないってこと
でしょ
そういうことじゃ…
違うの
テレビだって
他のチャンネル
にしてくれるなら…
このドスケベー
もういいよ
僕
今日は車の中で
寝るからさ
ポレちゃん
バタン…
頑張ってね

Chapter20
まさかね…

あれから
一度も山木さんは
病院へついてきてくれない
仕事が忙しいし
仕方ないのだけれど…
×月○日
今日から日記を
はじめてみようと
思う…
病院のあとアフちゃんに
ごはんをあげて
洗濯物をとりこんだ
よいしょ…

洗濯物をとりこむだけなのにマラソンしたみたいに疲れた
ゼェ
ゼェ
夜に…
明日から博多《はかた》に出張になったから荷物よろしくね
何を用意すればいいんだっけ…?
山木さんの出張用の荷物を用意するのにすごく時間がかかってしまった
×日
夜遅く山木さんが帰ってきて
出張のお土産に明太子をもらった
明太子
ありがとう…明日の夕飯に出そうかな
いや 無理

明日張り込みに
なったから
帰ってくるの
遅くなるし
山木さんは最近
出張と張り込みが増えた
……
私とアフちゃんのために
お仕事頑張って
くれてるんだもんね
私も早く良くなって
恩返ししなきゃね
薬を飲むのは
どうも抵抗がある
ごくっ
でも今日はしっかり
飲んだ
けれど
今日できたことと
やったことは…っと
お皿を洗って
洗濯物を畳んで

×月○日 晴れ
日記を書くことは
マメな私には
向いているかもしれない…
そう思った
○日
今日は久しぶりに
山木さんがお休み
お昼は
カレーがいいな
でも
材料きらしてるし…
車出すから
買いに行こうよ
う…うん
ほら
頑張って

うつ状態になると
人混みが苦手になってくる
だから極力外出は避けたい
……………
でも山木さんが
カレーを食べたいというから
出かけることにした
……
あれ…？
ねぇ山木さん
この車 誰か乗った？
え？
いつもより座席が
後ろになってるから
あー

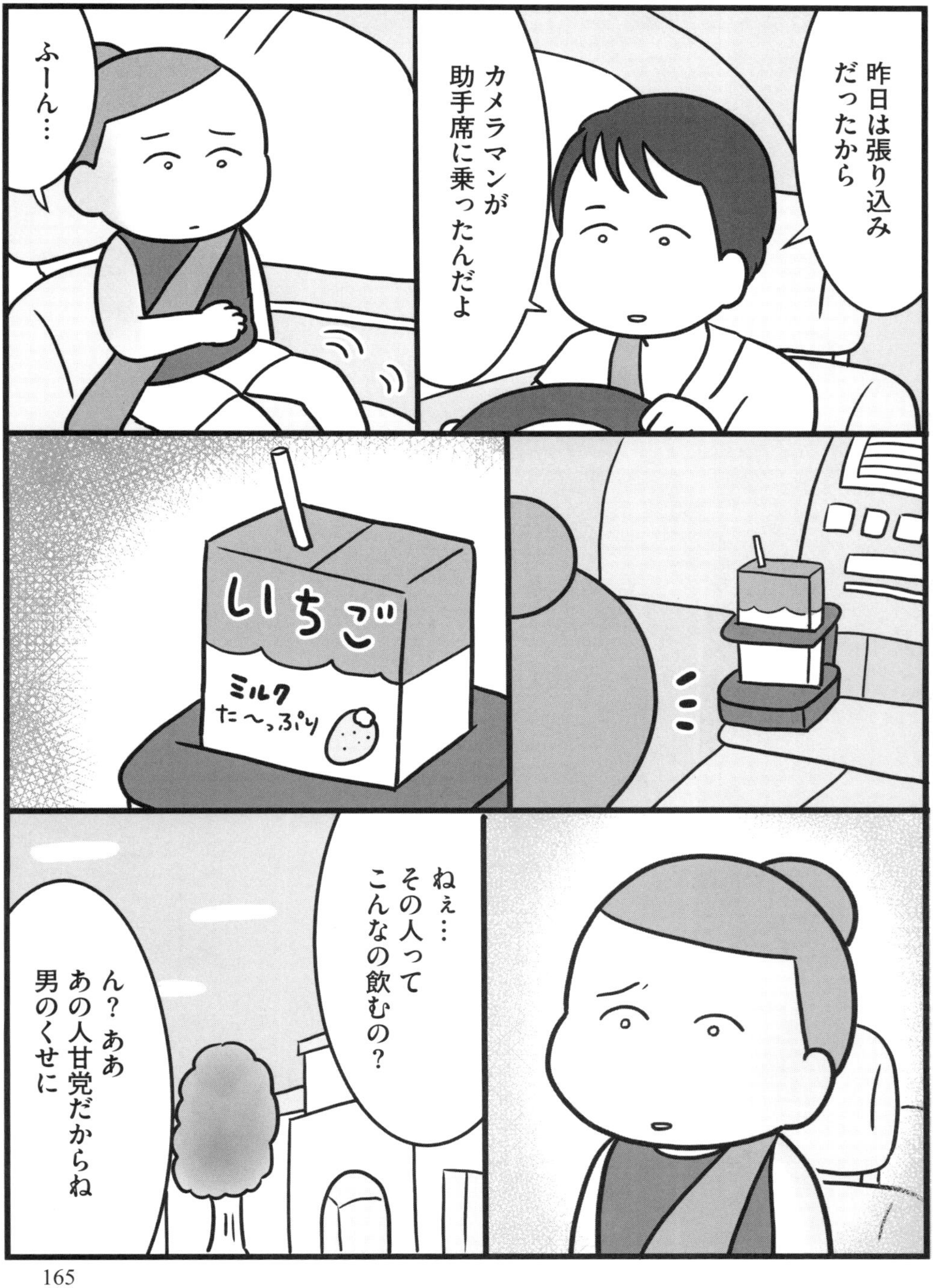
昨日は張り込みだったから
カメラマンが助手席に乗ったんだよ
ふーん…
いちご
ミルク たーっぷり
ねぇ…その人ってこんなの飲むの？
ん？ああ あの人甘党だからね 男のくせに

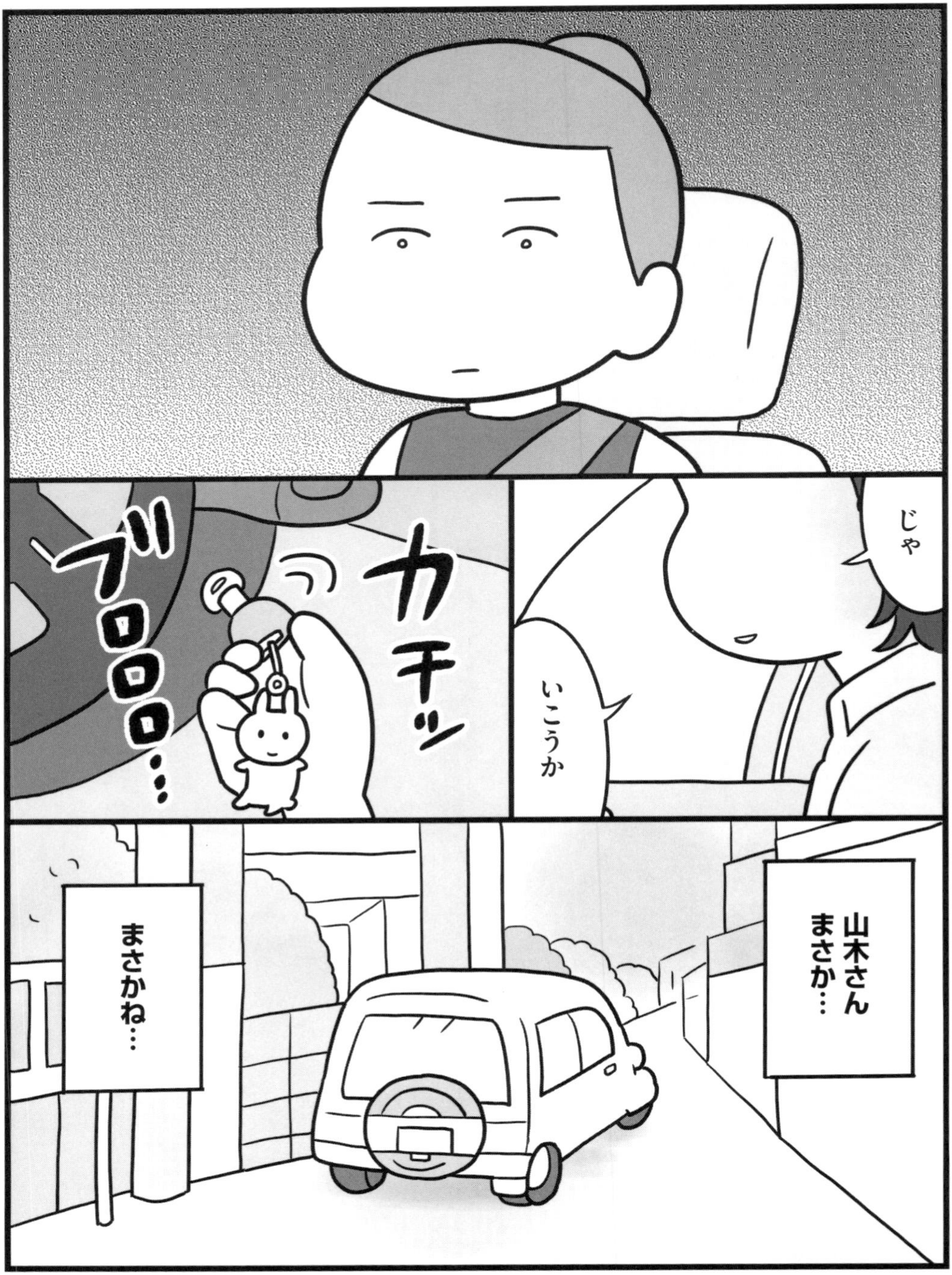

カチッ
ブロロロ…
じゃ
いこうか
山木さん
まさか…
まさかね…

[セックスレス嫁日記]

COLUMN

3

ある日突如うつ病になりましたが、私の場合の感覚でいうと、電気が切れて何もつかなくなった感じです。洗濯機の使い方も本当に頭の中がすっからかんになってしまって、何も考えられなくなりました。でも「私なんかがうつ病なはずがない」と思っていましたし、診断時も「嘘は言わないで」と怒りの感情に近いものを持ちました。

この当時もやはりアフちゃんが支えでした。アフちゃんは本当に飼い主思いのいい子で、私が悲しい顔をしているとそばに来てくれてずっと長い時間一緒にいてくれたり、顔をペロペロしてくれたり。私が元気な時は、高齢にも関わらず明るくジャンプをして、楽しそうにはしゃいでくれました。アフちゃんは作中の通りずっと私のそばにいてくれて、ペットというより、「娘」のような存在です。アフちゃんがいたから今の自分がいると思います。

山木さんの家とは結婚前から家族ぐるみでお付き合いがあり、みんなでお出かけすることはよくありました。それもあって漫画の中の家族旅行の提案になったと思います。「私だけ行かないわけにはいかない」「雰囲気を悪くさせたり、水を差すのは悪い」という思いで同行しました。子供への重圧は山木さんの両親、私の両親、そして婦人科からもひしひしと感じるようになっていました。先生から「することしないとできないんですよ」と至極真っ当なことを言われた時は、情けなさやプレッシャーでいっぱいになりました。先生なりに「喝」だったり、勇気付けるような意味合いだったのかもしれませんが、私には責められているような言葉に感じてしまい、その後は足が遠のきました。互いの親からのプレッシャーはどちらも重いものですが、うちの両親が「きっと向こうのご両親は子供を望んでいる」「子供がいないのが向こうのご両親に失礼」という感覚だったので、それが一番重くてしんどかったです。

でも、山木さんの家族も私の家族も「子供がいたら今よりもっと楽しいよね」という純粋な気持ちだったと思います。決して私を陥れようとかツラい思いをさせようとしたわけではないのにな、と…。セックスレスをきっかけにこんなことになってしまうなんて…。どうしようもないやるせなさを感じてしまいました。

KYOU MO
KOBAMARETE MASU

Presented by
Poreporemi

ラフが
できました…
見せて
Epilogue
ドキ
ドキ
………
オッケーだよ
着色進めて
ホッ…
山木さんと
一緒に仕事を
する度に
思い出す…

池袋《いけぶくろ》行き
23時45分
発車します
池袋行
イラストの持ち込みをしていたあの頃…
10年前
ブロロ…
イラスト
ポートフォリオ
池袋は長距離バスの発着点で…
高速バスチケットセンター
高速バスのりば
池袋行
プオーン…
お一人様ですか?
はい
Demy
24時間営業
バスが到着する時刻は朝の5時40分
到着するといつも駅前のファミレスに移動した
そのファミレスには目的は皆違えど
地方からバスに乗って東京にきた若者が大勢時間を潰していて…

今回はうまくいくといいな…
いつも頑張ろうという気にさせられた…
空室アリ
全室カラーTVアリマス
ホテル
micola
小学●年生
編集
マシンガンハウス
アアンアン
OKAWA
今日回れたのは3社か…
今日のあの感じだとS館は微妙…
M社とS社のあの対応はその場限りというところだね…
持ち込み対応チェック
△×○
ハッ
てて
プルルル…
プルル…
電話!?
あんた今日何時に帰ってくるが?
なんだ母ちゃんか今日は東京《こっち》に泊まるよ
えっ?帰ってこんが?
うん岡《おか》ちゃんに会っちゃってさ~
ノリでそのまま岡ちゃん家に泊まることになったんよ~

心配しなくても大丈夫や～
うんうん
また連絡するわ～
ブツッ…
……
親には東京に観光へ行くと嘘をついていた
仕方ない…
持ち込みに行ったなんて知られたら東京行きも止められるに決まってるもんね
…お腹すいたし
インターネットアリ
はぁ
シャワーは
…ごはんでも食べに行こう
大声で電話はNG
らっしゃーい
ワイワイ
ラーメン
じーっ
250円になりまーす
チーン
めんたい
ツナ

節約！
節約！
ムシャ
ムシャ
サンタマート
宿が1泊2千円…
残り1万3千円あるからあと5日は東京に居られる…
回れるだけ出版社を回らないと…
プルルル…
はい…
先日はどうも…●▲編集部の山田《やまだ》です
サンタマート
どどど！どうも！
ドキ
ドキ
これはまさか…
編集長と作品を拝見しまして…
うちの雑誌に合わないのでお断りを…と
ずりっ
するっ
それで持参頂いたポートフォリオをお返ししようと…
ご丁寧にどうも…
処分してくださって結構ですよ…
わざわざ勘違いするような電話してくるな～っ

あーあ…
期待して
損した…
ブー
でも
いつか…
どんな
小さなカットでも
いい…
私の
イラストを
使いたいと言う
人が見つかるまで…
それまで
日本中の
出版社を
回ってやる！
見ておれ～っ
私は
しつこい
からな！
それまで
絶対に
諦めないぞ！
山木さん
イラスト
できました…
おっ
早いね！
あと…
ありがとうね…
え？
お礼
言われること
したっけ…？
えへへ…
なんか
言いたく
なったんだよー

[初出]
本書は無料まんがアプリ『Vコミ』（http://vcomi.jp）にて連載されていた作品に、
描き下ろしを加えて構成したものです。

今日も拒まれてます

～セックスレス・ハラスメント嫁日記～

心の異変 編

2020年3月20日　初版第1刷発行

著者　ポレポレ美《み》

発行人　大島雄司

発行所　株式会社ぶんか社

〒102－8405　東京都千代田区一番町29－6
TEL 03-3222-5125（編集部）
TEL 03-3222-5115（出版営業部）
www.bunkasha.co.jp

装丁　山田知子（chichols）

編集協力　まんがアプリVコミ

印刷所　大日本印刷株式会社

ISBN978-4-8211-4543-0